Tradiciones culturales en

China

Lynn Peppas

Traducción de
Paulina Najar-
Petersen

Crabtree Publishing
crabtreebooks.com

Crabtree Publishing

crabtreebooks.com   800-387-7650

Copyright © 2024 Crabtree Publishing

All rights reserved. No part of this publication may be reproduced, stored in a retrieval system or be transmitted in any form or by any means, electronic, mechanical, photocopying, recording, or otherwise, without the prior written permission of Crabtree Publishing Company. In Canada: We acknowledge the financial support of the Government of Canada through the Canada Book Fund for our publishing activities.

Author: Lynn Peppas
Publishing plan research and development:
   Sean Charlebois, Reagan Miller
   Crabtree Publishing Company
Project coordinator: Kathy Middleton
Editor: Adrianna Morganelli
Proofreaders: Kathy Middleton, Crystal Sikkens
Translation to Spanish: Paulina Najar-Petersen
Spanish-language copyediting and proofreading:
   Base Tres
Photo research: Allison Napier, Margaret Amy Salter
Cover design: Katherine Kantor
Design: Margaret Amy Salter
Production coordinator and prepress technician:
   Margaret Amy Salter
Print coordinator: Katherine Kantor

Published in Canada
Crabtree Publishing
616 Welland Avenue
St. Catharines, Ontario
L2M 5V6

Published in the United
States Crabtree Publishing
347 Fifth Avenue
Suite 1402-145
New York, NY 10016

Paperback 978-1-0396-4419-9
Ebook (pdf) 978-1-0396-4379-6

Printed in Canada/122023/CP20231205

Cover: Lantern Festival (top); Chinese New Year parade (center); traditional moon cake (middle left); FenJiang River Dragon Boat Race in FoShan City, China (bottom left); Chinese ravioli (middle right); Lion dance at a Chinese New Year celebration (bottom right)

Title page: Chinese temple

Photographs:
Dreamstime: Donkeyru: page 17
Shutterstock: cover (middle left and right, top), pages 1, 4–5 (background), 9, 11, 13, 15, 17, 19, 25 (bottom), 27 (bottom), 28, 29; Sergei Bachlakov: cover (center); Marina Ivanova: cover (bottom right); Tan Wei Ming: page 4 (bottom); Cora Reed: page 6; windmoon: cover (bottom left); pages 20–21, 24; BartlomiejMagierowski: page 21 (inset); Jose Antonio Sanchez: page 22; Christophe Testi: page 23; zhaoyan: page 25 (top); Mary416: page 26; Andrea Paggiaro: page 30; Hung Chung Chih: page 31
Thinkstock: pages 4 (top), 5 (top), 8, 10, 12, 14, 16, 18, 27 (top)

ÍNDICE

Bienvenido a China

China tiene más habitantes que cualquier otro país del mundo. Más de mil millones de personas viven ahí. La mayoría de los chinos habla mandarín. Hay más de 56 grupos **étnicos** en China. El grupo más grande es el de los han.

Los chinos escriben con símbolos llamados pictogramas. Cada pictograma es una palabra completa.

China es una de las civilizaciones más antiguas del planeta. Una civilización es un grupo de personas que viven juntas y comparten una **cultura** y **tradiciones**. La cultura se forma con la historia y las tradiciones que comparte un grupo de personas. Las tradiciones son las formas en las que la gente celebra su cultura. Las tradiciones vienen de los **ancestros**.

El yin y el yang es un símbolo muy popular en China. Representa los opuestos, y juntos forman un balance perfecto en el mundo.

Festivales y celebraciones

El Año Nuevo es la celebración tradicional más importante de China. Cada año, el día de Año Nuevo es distinto porque se establece de acuerdo con el calendario **lunar**.

Las fiestas chinas son muy especiales y celebran tradiciones que han sido transmitidas por cientos de años. Todos los chinos celebran las fiestas **nacionales**. La mayoría de la gente en China tiene el día libre en el trabajo y la escuela. Muchos celebran su cultura con festivales. Un festival es un evento o una fiesta que reúne a mucha gente que comparte tradiciones, como la comida.

El calendario lunar utiliza un ciclo de la Luna para contar un mes. El Año Nuevo chino comienza en una Luna nueva, cuando no puedes ver la Luna en absoluto, y continúa durante dos semanas hasta que aparece la Luna llena.

Luna nueva

Luna llena

Los chinos utilizan dos calendarios. Usan el calendario gregoriano para actividades como las de las escuelas, el trabajo y las citas. Este es el mismo calendario que se usa en América del Norte y alrededor del mundo. Las celebraciones chinas que caen en el mismo día cada año usan el calendario gregoriano. Los festivales **antiguos** se llevan a cabo en diferentes fechas cada año porque utilizan el calendario lunar chino.

¿Sabías qué?
El calendario lunar chino se utiliza desde hace más de 2 000 años. El calendario gregoriano es utilizado en China desde hace solo cien años.

Celebraciones familiares

Para los chinos, la vida en familia es algo muy importante. Hoy en día, muchos hogares chinos se componen de padres e hijos, y algunas veces también incluyen a los abuelos. Muchas veces, los abuelos se hacen cargo de los hijos mientras los padres trabajan. Hace mucho tiempo, los padres chinos decidían con quién se casarían sus hijos. Ahora, la tradición de la mayoría de los chinos es que cada quien elija a su propio esposo o esposa.

En China es muy común que varias generaciones de una familia vivan juntas en el mismo hogar.

Una antigua tradición china cuenta la edad de las personas como si tuvieran un año casi al momento del nacimiento. Ahora, la mayoría de los chinos cuenta su edad de la forma habitual. En el primer cumpleaños se organiza una celebración especial. Otros cumpleaños importantes son los 10 años, y luego los 60, 70 y 80 años.

¿Sabías qué?
La comida tradicional para los cumpleaños son los fideos y los duraznos. Comer estos alimentos significa que disfrutarás de una larga vida.

Año Nuevo chino

Durante el Año Nuevo chino se llevan a cabo danzas del dragón y del león. Los dos son símbolos de buena suerte para el nuevo año.

Al Año Nuevo chino también se le llama Festival de la Primavera. Es uno de los festivales más celebrados en China. Las personas de origen chino que viven en otros países, como Estados Unidos y Canadá, también celebran este festival. Cae en diferentes días cada año, entre el 21 de enero y el 20 de febrero. En China se le conoce como Semana Dorada, y las celebraciones se llevan a cabo durante toda la semana.

Los chinos limpian sus casas para que estén impecables para el Año Nuevo. Utilizan ropa nueva para la celebración. Prenden petardos para asustar a los malos espíritus. El color rojo es muy popular en el Año Nuevo chino. Las casas y negocios se visten con decoraciones y flores en color rojo. A los niños les entregan dinero en sobres de color rojo como símbolo de buena suerte.

¿Sabías qué?
Los niños se quedan despiertos hasta tarde en la víspera del Año Nuevo. Se cree que entre más permanezcan despiertos, más larga será su vida.

Festival de las Luces

Las celebraciones del Año Nuevo continúan durante varias semanas. El último día del festival sucede 15 días después del Año Nuevo. Se le llama Fiesta de la Luna Llena o Festival de las Luces. Este día, la Luna está llena y brilla en el cielo. Se celebra la luz del Sol que calienta la tierra antes de que llegue el frío del invierno.

¡Las luces vienen en distintas formas, colores y tamaños!

¿Sabías qué?
Durante el Festival de las Luces la gente come *tangyuan*. Las bolas están hechas de harina de arroz y agua ¡y parecen una blanca Luna llena!

Durante el Festival de las Luces, la gente cuelga lámparas en las calles y afuera de sus casas. Las lámparas suelen estar hechas de papel encerado resistente y tienen una luz que brilla a través del papel. Las familias caminan por vecindarios y ciudades durante la noche para observar las coloridas lámparas. ¡Es un espectáculo hermoso!

Día Internacional de la Mujer

En China, como en otros países alrededor del mundo, el Día **Internacional** de la Mujer se celebra el 8 de marzo. En China, el primer Día de la Mujer se celebró en 1950. Actualmente, es una fiesta nacional de medio día exclusiva para las mujeres. Esto quiere decir que la mayoría de las mujeres en China tienen medio día libre en el trabajo.

En China, las flores son un buen regalo para el Día de la Mujer.

Los esposos y los hijos hacen cosas buenas por las mujeres de su familia. Les dan flores y regalos. Es un día para celebrar la importancia y todo lo que han hecho por la **igualdad** de las mujeres en China.

Día del Árbol

El Día del Árbol es un día para plantar árboles. Muchos países alrededor del mundo celebran el Día del Árbol en distintas fechas. En China, el Día del Árbol siempre se lleva a cabo el 12 de marzo. Se celebra este día para honrar la muerte de un hombre llamado Sun Yat-sen. Era un doctor que se convirtió en líder. A veces se le llama «Padre de la China Moderna».

¿Sabías qué?
La gente que vive en China y que no planta árboles cada año puede recibir una **multa**.

Yat-sen creía que entre más árboles y bosques se plantaran, China tendría un mejor **medio ambiente**. El gobierno de China convirtió en ley la plantación de árboles en 1981. Esta ley dice que los chinos de 11 a 60 años tienen que plantar árboles cada año.

Jóvenes chinas plantando un árbol el Día del Árbol.

Festival Qingming

El de Qingming es un festival de primavera que celebra la vida de los seres queridos que han muerto. A veces también es conocido como Día de Barrer las **Tumbas**. Es un festival muy antiguo que cae el 4 o el 5 de abril de cada año. Es una fiesta nacional en la que la gente tiene el día libre en el trabajo y la escuela.

La ópera es muy popular en China y se representa durante Qingming. Las óperas chinas son obras de teatro en las que hay canto, diálogos, acrobacias y danza.

El día de Qingming se disfruta el clima de la primavera y se pasa tiempo al aire libre. También es un momento para visitar a los seres queridos en el cementerio. Rezan, llevan ofrendas de comida y prenden velas. También queman objetos, como dinero en papel, porque se cree que así los muertos les ayudarán a conseguir las cosas que quieren. Niños y adultos disfrutan este día festivo volando cometas.

Al día de Qingming también se le conoce como Día de Barrer las Tumbas porque la gente visita y cuida las tumbas de los seres queridos.

Día de los Trabajadores

En China, el Día de los Trabajadores se celebra el primer día del mes de mayo para celebrar los logros de los trabajadores. También se le llama Día Internacional del Trabajo (o del Trabajador). Muchos chinos tienen el día libre del trabajo y de la escuela. Muchos países alrededor del mundo también celebran el Día del Trabajo. Algunos lo celebran el 1 de mayo y otros, como Estados Unidos y Canadá, lo celebran el primer lunes del mes de septiembre.

Estas mujeres realizan un espectáculo de artes marciales en celebración del Día de los Trabajadores.

En China, cuando el 1 de mayo cae en fin de semana, el festejo se retrasa o se adelanta al viernes anterior al fin de semana, o al lunes siguiente. Esto se hace para que los trabajadores puedan tener un fin de semana de tres días libres. Es un momento para relajarse y no preocuparse por la escuela o el trabajo.

Durante el Día de los Trabajadores, muchas personas viajan y pasan el día con amigos y familiares.

Día del Niño

En China, los niños y niñas tienen su propia celebración. El Día del Niño se celebra el 1 de junio. Es un día para honrar a los niños. Los niños de hasta 14 años tienen el día libre en la escuela. El Día del Niño se celebra en varios países alrededor del mundo en diferentes fechas. En muchos otros países, los niños no tienen el día libre en la escuela.

Las cuidadoras planean actividades especiales para este día, como una visita al zoológico.

El Día del Niño algunas escuelas organizan festivales de danza o arte, en donde se muestran los **talentos** de los niños. Familiares y cuidadores son invitados a los festivales. Algunas veces, los niños reciben pequeños regalos este día.

¿Sabías qué?
El 4 de mayo, los adolescentes chinos celebran el Día de los Jóvenes. Los mayores de 14 años tienen medio día libre en la escuela.

Festival del Bote del Dragón

El Festival del Bote del Dragón es un antiguo festival de verano que se lleva a cabo desde hace miles de años. Se celebra en el quinto día del quinto mes lunar. Usualmente cae en junio. Hace mucho tiempo, los chinos creían que los dragones vivían en los ríos y traían la lluvia. Celebraban festivales en los ríos para mantener felices a los dragones y que estos trajeran lluvia a los cultivos de arroz.

En China, a este festival se le conoce como Fiesta de *Duanwu*. Es un día de fiesta nacional.

Durante este día, mucha gente observa o forma parte de carreras de botes. Los botes del dragón son exactamente eso: largos y angostos barcos decorados como si fueran dragones. Las personas que reman se sientan a cada lado del bote y utilizan remos para empujarlo hacia delante.

La persona que se sienta al frente del bote toca un tambor para mantener a los remeros remando al mismo tiempo.

Durante el Festival del Bote del Dragón, mucha gente come un platillo tradicional chino llamado *zongzi*. Consiste en arroz y frijoles, o arroz pegajoso, envuelto en hojas de bambú.

Festival del Medio Otoño

El Festival del Medio Otoño es una fiesta de la **cosecha**. Se le llama Festival del Medio Otoño porque se lleva a cabo a mediados de la temporada de otoño. A veces se le llama Festival de la Luna. Cae en la primera Luna llena de otoño. Esto significa que tiene lugar en diferentes fechas del mes de septiembre.

Coloridas decoraciones son exhibidas para celebrar el Festival del Medio Otoño en Hong Kong, China.

Los pasteles de luna son muy tradicionales y se comen durante el Festival del Medio Otoño. Están rellenos de pasta de frijoles, semillas de loto o yema de huevo.

El Festival del Medio Otoño es un día para estar agradecidos por la cosecha de arroz. Para la mayoría de los chinos, es un día libre en el trabajo y la escuela. Muchos salen a hacer caminatas o preparan un picnic para disfrutar del clima y la belleza del otoño.

Festival Chongyang

¿Sabías qué?
Durante el Festival Chongyang, los adultos toman vino hecho de la flor del crisantemo (arriba).

El Festival Chongyang se lleva a cabo en diferentes fechas del mes de octubre. También se le conoce como Festival del Doble Nueve. Esto es porque se lleva a cabo el noveno día del noveno mes, según el calendario lunar chino. No es un día festivo nacional.

Durante el Festival Chongyang, la gente debe subir a un lugar alto si desea tener buena suerte. Muchos suben montañas, edificios altos o hacen caminatas. Los crisantemos son flores que crecen en el otoño. Muchas veces, la gente usa estas flores como decoración para el festival.

Durante el Festival Chongyang, hay gente que sube pagodas. Una pagoda es un edificio muy alto, de estilo tradicional, que se encuentra por todo China.

Día Nacional

En China, el Día Nacional se lleva a cabo el 1 de octubre de cada año. El primer Día Nacional se celebró el 1 de octubre de 1949. Ese día, China se convirtió en república. Una república es un país gobernado por una persona elegida por las personas que viven en ese país. Antes de que China fuera una república, era gobernada por **emperadores** que no eran elegidos por la gente.

¿Sabías qué?

El Día Nacional da inicio a una semana de celebraciones. A estas celebraciones que duran una semana se les llama Semana Dorada.

En el Día Nacional y durante la Semana Dorada, los adultos no asisten al trabajo y los niños no van a la escuela. Muchas familias viajan por China para conocer lugares interesantes. Muchos visitan la Plaza Tiananmen en Beijing para ver desfiles militares y fuegos artificiales en la noche.

Remar balsas de bambú durante el Día Nacional es una actividad muy popular.

Glosario

ancestros: Los parientes de una persona que estaban vivos antes de que ella naciera.

antiguos: Que existieron hace miles de años.

cosecha: La época del año en la que se recogen los cultivos maduros.

cultura: Los hábitos y creencias de un grupo de personas.

emperadores: Gobernantes o reyes de un país.

étnicos: Grupos de personas de un país que comparten el mismo lenguaje, cultura y creencias.

igualdad: Que recibe el mismo trato que todos los demás.

internacional: Que tiene que ver con más de una nación o país.

lunar: Todo lo que tiene que ver con la Luna.

medio ambiente: El entorno natural de una zona.

multa: Una cantidad de dinero que se cobra por no hacer caso a la ley.

nacionales: Que pertenecen a cualquiera que viva en un país o nación.

talentos: Habilidades para hacer algo muy bien.

tradiciones: Creencias o costumbres que se pasan de generación en generación.

tumbas: Los lugares donde están enterradas las personas que ya murieron.

Índice analítico